Wer dieses Schwert aus dem Stein zieht,
ist der wahre König von England

Liebe erwachsene Leser*innen!

Wenn Kinder die Technik des Lesens erlernt haben, gilt es, ihnen Lesematerial zur Verfügung zu stellen, das fordert, aber nicht überfordert. Dazu braucht es pädagogisches Fingerspitzengefühl, um Inhalt, Länge, Bildunterstützung und Dichte eines Textes optimal zu verbinden.
Die Lesezug-Klassiker finden eine ganz besondere Balance in diesen Anforderungen.
Mit in kindgerechter Sprache nacherzählten klassischen Storys vermitteln sie ganz nebenbei auch noch Wissen aus der Weltliteratur. Die Klassiker werden von österreichischen Autor*innen gekonnt vereinfacht und verlocken die Leser*innen damit in ganz andere Gedankenwelten, als das Kinderbücher sonst tun.
Die angemessenen Textlängen in den Kapiteln, die reichhaltigen Illustrationen sowie die österreichische Sprache kennzeichnen diese Lesereihe.
Informationen zu den Originaltexten runden das Angebot ab und machen die Lesezug-Klassiker zu unverzichtbaren Werken in der Kinderbibliothek.

Mögen Sie erlesene Stunden genießen!
Das wünschen Ihnen
das Team des Österreichischen Buchklubs der Jugend
sowie das G&G Verlagsteam
www.buchklub.at
www.ggverlag.at

Sir Thomas Malory

König Artus

Neu erzählt von Barbara Schinko

Mit Illustrationen von
Bernd Lehmann

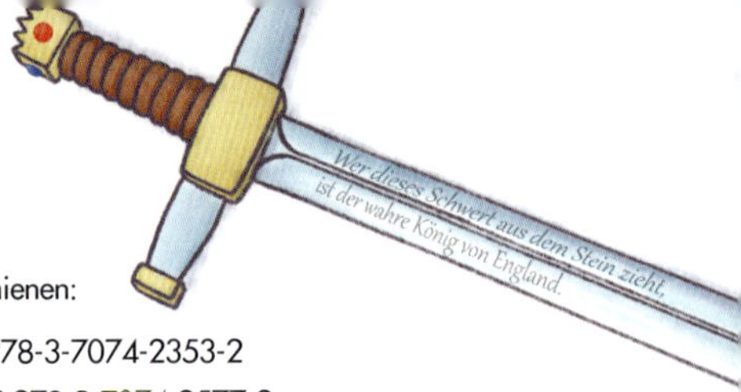

Von Barbara Schinko im G&G-Lesezug weiters erschienen:

„Sternchen, mein Fohlen", Lesezug 1. Klasse, ISBN 978-3-7074-2353-2

„Mein Tag in der Tierklinik", Lesezug 1. Klasse, ISBN 978-3-7074-2577-2

„Achilles – Der sagenhafte Held", Lesezug Klassiker, ISBN 978-3-7074-2690-8

„Die drei Musketiere", Lesezug Klassiker, ISBN 978-3-7074-2354-9

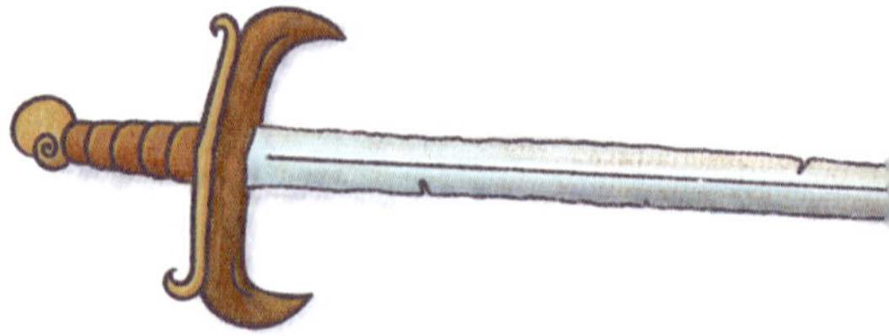

FSC
www.fsc.org
MIX
Papier aus verantwortungsvollen Quellen
FSC® C014138

www.ggverlag.at

www.lesezug.at

ISBN 978-3-7074-2538-3
2. Auflage 2026
Text: Barbara Schinko
Illustration: Bernd Lehmann
Reihengestaltung: Carola Holland
Druck und Bindung: Finidr, s.r.o., Lipova

produktsicherheit@ggverlag.at

Inhalt

Das Schwert im Stein 4

Die Dame vom See 16

Die Ritter der Tafelrunde 25

Guinevere in Gefahr! 32

Lancelots Flucht 42

Die letzte Schlacht 53

Gut zu wissen! 64

Glossar 66

Leseprobe „Die drei Musketiere“ 67

Das Schwert im Stein

Artus war sehr aufgeregt. Er durfte nämlich mit zu einem Ritterturnier in London. Dem ersten Turnier seines älteren Bruders Kay! Es war Neujahr. Artus ritt als Knappe hinter Kay und seinem Vater Sir Ector. Die Hufe der Pferde knirschten auf Schnee und klapperten auf Eis. Ihr schnaubender Atem gefror in der Luft. Überall tummelten sich Ritter. Die Mädchen und Damen jubelten ihnen zu. Ach, wäre Artus nur selbst schon ein Ritter!

Er hörte, wie Ector fragte: „Kay, wo hast du denn dein Schwert?"

Da flog Kays Hand zur Schwertscheide an seinem Gürtel. „O nein!", rief er. „Ich habe es in dem Haus vergessen, in dem wir geschlafen haben." Artus hatte gehört, wie sich sein Bruder nachts vor lauter Aufregung lange im Bett herumgewälzt hatte. Nun wurde Kay unter

dem hochgeklappten Visier seines Helms ganz rot und senkte beschämt den Kopf.
Er tat Artus leid. „Soll ich es für dich holen?“, bot der junge Knappe an. Zwar wollte er am liebsten keinen Augenblick des Turniers versäumen, aber das hier war wichtiger.

Er wendete sein Pferd und trabte zurück. Alle Bewohner der Stadt strömten inzwischen zum Turnierplatz. Als Artus zu dem Haus kam, in dem seine Familie übernachtet hatte, war es versperrt. Auch die Gastgeber schauten bestimmt bei den ritterlichen Übungen zu. Vergeblich hämmerte Artus an die Tür.
Was nun? Sollte Kay bei seinem ersten Wettkampf ohne Schwert antreten? Das ging natürlich nicht. Die anderen Ritter würden sich schieflachen.
Da fiel Artus etwas ein. Er war vorhin an der großen Kirche vorbeigekommen. Und hatte dort im Hof einen Steinblock gesehen, in dem ein Schwert steckte. Das könnte er sich doch rasch leihen und es nach dem Turnier gleich wieder zurückbringen.
Er trabte also zum Kirchhof, saß ab und band sein Pferd an. Das Schwert steckte in einem Marmorblock, der so groß wie ein Mühlstein

war. Nur der Griff und ein Stück der Klinge ragten heraus.
Was Artus nicht wusste: Merlin, der größte Zauberer aller Zeiten, hatte dieses Schwert geschmiedet und einen Zauber darüber gesprochen.

Der stand nun in goldenen Buchstaben auf der Klinge.
Artus rieb sich die kalten Hände und packte den Griff. „Auf drei. Eins, zwei, drei – hauruck!“, sagte er halblaut zu sich selbst und zog mit Schwung das Schwert heraus. Dann lief er zurück zu seinem Pferd und galoppierte davon, um bloß nicht zu spät zum Turnier zu kommen.

Sein Bruder staunte nicht schlecht, als Artus ihm das Schwert reichte. Die Juwelen am Griff funkelten in der Wintersonne. Und Kay bemerkte noch etwas.
„Was steht da auf der Klinge?“, fragte er neugierig.

Während Artus die Pferde versorgte, beugte sich sein Bruder über die Schrift. „‚Wer dieses Schwert aus dem Stein zieht'", las er langsam, „‚ist der wahre König von England.'"
Kay war baff. König Uther Pendragon, den man auch den „Kopf des Drachen" nannte, war vor ein paar Jahren gestorben. Er hatte keinen Nachfolger hinterlassen. Seither stritten die Edlen im Reich darum, wer nach ihm herrschen sollte. Nun rannte Kay mit dem Schwert zu seinem Vater. „Schau mal!", rief er. „Da steht, ich bin der neue König!"
„Mein Sohn, der gerade erst zum Ritter geschlagen worden ist, soll der König von England sein?"
Das konnte Ector nicht glauben.
Er ritt mit Artus und Kay zurück zur Kirche. Und riss die Augen weit auf. Merlins Schwert im Stein fehlte. „Wie hast du es herausziehen können?"

Kay tat schon leid, dass er vorhin geschwindelt hatte. Ein Ritter musste immer ehrlich sein.
„Ich habe es nicht herausgezogen“, gestand er. „Artus hat es mir gebracht.“
„Stimmt das, Artus?“, erkundigte sich Ector.
„Ja“, sagte Artus. Er wusste noch nichts von der Inschrift und wunderte sich ein bisschen, warum alle so aufgeregt waren.
„Ist das schlimm? Soll ich es besser zurückstecken?“
„Tu das“, befahl sein Vater.
Artus gehorchte. Dann versuchten Ector und Kay das Schwert aus dem Marmorblock zu ziehen. Aber nicht einmal zu zweit gelang es ihnen.

„Jetzt du, Artus“, keuchte Ector. Mühelos zog Artus das Schwert heraus.
Sogleich knieten sein Vater und Kay vor ihm nieder.
„Du bist unser König, Artus.“
„Aber“, stammelte Artus, „wie ist das möglich? Nur der älteste Sohn eines Königs kann König werden. Oder?“
Sein Vater nickte. „Du bist nicht von Geburt an mein Kind“, gab er zu. „Auch wenn deine

Mutter und ich dich als unseren Sohn aufgezogen haben. Du bist Uther Pendragons Erbe. Merlin, der weise Zauberer, hat dich zu uns gebracht."
Darüber staunte Artus. Aber nicht so sehr wie die edlen Ritter und Herren des Reichs, als sie davon erfuhren. Artus' Familie hielt die Sache mit dem Schwert nämlich geheim, bis sich zwölf Tage später alle im Hof der Kirche versammelten. Vergeblich bemühten sich die stärksten und mächtigsten Männer, das Schwert aus dem Stein zu ziehen. Zuletzt trat Artus vor. Ein Raunen ging durch die Menge, als er das Zauberschwert über seinen Kopf hob. So mancher ärgerte sich und war neidisch, weil diesem Bürschchen gelang, was er selbst nicht geschafft hatte. Die Freude jedoch überwog. Endlich, nach langen Jahren der Unruhen und Kämpfe, hatte England wieder einen wahren König.

Wer dieses Schwert aus dem Stein zieht,
ist der wahre König von England

Die Dame vom See

König zu sein war nicht einfach. Artus hörte sich die Beschwerden der Armen und der Reichen an und verhalf allen zu ihrem Recht, so gut er konnte. Sein Bruder Kay war als Seneschall stets an seiner Seite.
Nicht alle erkannten Artus' Anspruch auf den Thron an. König Lot von den Orkney-Inseln erklärte ihm den Krieg. Kay trug Artus' Armee die weiße Fahne voran, auf der ein roter Drache Feuer spie. In der Schlacht griff Lot dann Artus von hinten an und warf ihn vom Pferd. Rasch kamen Kay und die anderen Ritter ihrem jungen König zu Hilfe. Artus hob das Zauberschwert. Es glänzte in der Sonne so hell wie das Licht von dreißig Fackeln. Alle seine Feinde wurden geblendet und flohen. Jeder, der in Frieden an Artus' Hof kam, durfte bleiben. Die einen wollten bei Turnieren ihren

Mut beweisen. Die anderen baten um Gerechtigkeit. Einmal erzählte ein aufgeregter Knappe: „Bei einer Quelle im Wald steht ein Zelt. Und weil darin ein Ritter sitzt und mit jedem kämpfen will, traut sich niemand mehr zu der Quelle.“
Dagegen musste Artus etwas unternehmen!

Früh am Morgen ließ er sich sein bestes Pferd und seine Rüstung bringen und ritt in den Wald. Nur Merlin begleitete ihn.
An einem Baum neben dem Zelt hing ein Schild. Artus hämmerte mit seiner Lanze darauf, bis der Schild zu Boden fiel. Der Ritter, er hieß Pellinore, eilte in voller Rüstung aus dem Zelt. „Was soll dieser Lärm?", rief er. Artus sagte: „Ich will mit dir kämpfen."

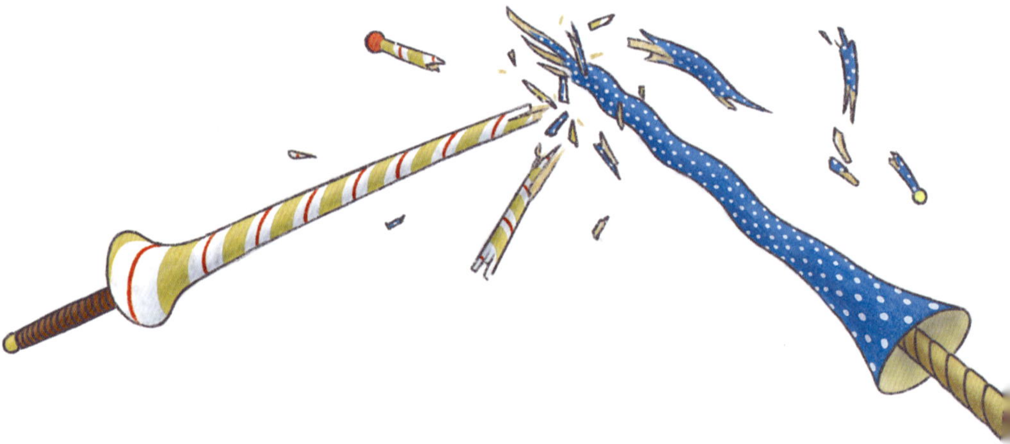

Da stieg Pellinore aufs Pferd und hängte sich seinen Schild an die Schulter. Mit gestreckten Lanzen galoppierten er und Artus aufeinander zu. Beide schmetterten ihre Lanze gegen den Schild des anderen. Und beide Lanzen zerbrachen. Pellinores Stoß war aber so kräftig gewesen, dass Artus und sein Pferd zu Boden stürzten.
Na warte! Zornig sprang Artus auf und zog sein Schwert. „Steig ab, wenn du dich traust!"
Geschwind saß Pellinore ab. Sie hieben mit ihren Schwertern aufeinander ein, bis sie verwundet und erschöpft waren. Am Ende versetzte Pellinore Artus einen mächtigen Schlag. Artus' Schwertklinge zerbrach in zwei Stücke!
„Ergib dich!", schrie Pellinore. „Oder du musst sterben."
„Dann muss ich sterben", entgegnete Artus, „denn ich werde mich niemals ergeben."

Und er packte Pellinore, warf ihn zu Boden
und riss ihm den Helm herunter.
Rasend vor Wut drohte Pellinore: „Ich schneide
dir den Kopf ab!“ Doch Merlin belegte ihn mit

einem Zauber. Da sackte er zu Boden und rührte sich nicht mehr.
„Was hast du getan?", rief Artus empört. „Einen so guten Ritter mit Zauberei zu töten, ist hinterhältig und feige."
Merlin beruhigte ihn: „Es war nur ein Schlafzauber. Er wird bald erwachen. Und ich weissage dir, dass er dir als einer deiner Ritter treu dienen wird. Seine Söhne Lamorak und Parzival werden es ebenso tun. Jetzt aber müssen wir davonreiten und ein neues Schwert für dich finden."
Er fing Artus' Pferd ein, das in den Wald gerannt war, und führte den jungen König zu einem See. Dort sah Artus etwas Erstaunliches: Aus der Mitte des Wassers ragte ein Arm. Er war in weiße Seide gehüllt, und die Finger hielten ein Schwert.
Während Artus verblüfft hinschaute, tauchte langsam eine Frau auf.

„Wer ist das?“, flüsterte Artus.
Merlin antwortete leise: „Die Dame vom See. Sie heißt Nimue und lebt in einem steinernen Palast unter dem Wasser. Wenn du sie bittest, wird sie dir dieses Schwert und die Schwertscheide dazu geben.“
Artus tat es. Und Nimue verriet ihm, der Name des Schwerts sei Excalibur. Das bedeutet „Stahl-Schneider“. Dann versank sie im See.

Bewundernd betrachtete Artus seine neue Ausrüstung. Die Schwertscheide war mit Gold und Edelsteinen besetzt. Merlin fragte ihn: „Was gefällt dir besser, das Schwert oder die Scheide?"
„Das Schwert."
„Dann bist du nicht weise", sagte Merlin. „Die Scheide ist zehnmal so viel wert. Wer sie trägt, verliert im Kampf kein Blut, mag er auch noch so schwer verwundet sein. Ich würde dir ja raten, gut auf sie achtzugeben. Aber ich weiß schon: Du wirst zulassen, dass man sie dir stiehlt."
„Niemals!", widersprach Artus. Und er hatte gleich eine schlaue Idee: Damit keiner das Schwert oder die Scheide stehlen konnte, würde er beides seiner Schwester Morgan zur Aufbewahrung geben. Denn sie war eine große Zauberin.
Morgan aber betrog ihn. Sie schenkte das Schwert und die Scheide ihrem Liebhaber.

Zwar konnte Artus Excalibur im Kampf zurückgewinnen. Doch als Rache dafür warf Morgan die Schwertscheide in einen See.
Wie Merlin es vorausgesagt hatte.
Denn Merlin wusste alles.

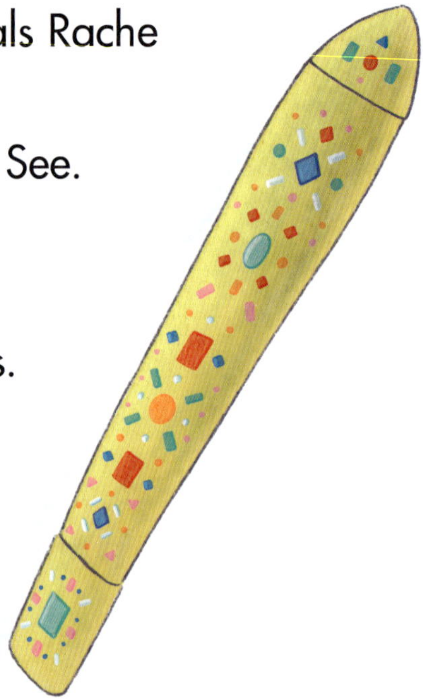

Die Ritter der Tafelrunde

Merlin schlug Artus vor, sich Verbündete zu suchen. So kämpfte Artus an der Seite des tapferen Königs Ban aus dem Reich Benwick. Gemeinsam halfen sie einem anderen König, der Leodegrance hieß. Leodegrance hatte eine ebenso schöne wie kluge Tochter: Guinevere. Artus verliebte sich und beschloss: „Sie und sonst keine soll meine Königin sein."
Merlin seufzte. „Ich rate dir, sie nicht zu heiraten. Denn ihr Herz wird einem anderen gehören, und du wirst alles verlieren." Er sah vor sich, wie Artus und Guinevere Seite an Seite über England herrschen würden. Und dass sie ein schönes Leben und treue Freunde haben würden. Aber er war sehr viel älter und weiser als der junge König, und er wusste: Alle guten Dinge fanden irgendwann ein Ende.
Artus wollte davon nichts hören. Er heiratete

Guinevere in der Stadt Camelot, die heute Winchester heißt. Als Geschenk brachte Guinevere einen Tisch in die Ehe mit, an dem hundertfünfzig Ritter Platz fanden.
Normalerweise saß das Königspaar am Kopfende einer langen Tafel. Und an den Seiten saßen die Ritter. Die einen oben, die anderen weiter unten, je nachdem welchen Rang sie bei Hofe hatten.
Dieser Tisch aber war rund! „Wie soll man da wissen, wer höher und wer niedriger gestellt ist?", fragte Artus.
Guinevere lächelte. „Gar nicht. Alle werden gleich sein."

Das gefiel Artus. Er sagte: „Die runde Tafel wird einen Ehrenplatz im Saal unserer Burg haben." Und er bat Merlin, ihm hundertfünfzig Ritter zu bringen, um die Plätze zu füllen. Alle, die Merlin gefunden hatte, schworen Artus am Pfingsttag ihre Treue. Man nannte dies den „Pfingst-Eid". Sie nahmen ihre Plätze ein. Und an jedem Stuhl erschien durch Zauberei ein goldenes Schild mit dem Namen des Ritters.

Auch ein Knappe kam: Gawain, der älteste Sohn von Artus' Schwester Morgause. Er bat Artus, ihn zum Ritter zu schlagen. Diesen Wunsch erfüllte Artus seinem Neffen gerne. Bald waren die Ritter der Tafelrunde weithin berühmt. Zu ihnen gehörte Tristan von Liones, der ebenso gut Harfe spielen wie mit Lanze und Schwert umgehen konnte. Sir Dinadan war dabei, der gern Späße trieb und lieber Spottlieder auf seine Feinde dichtete, als zu kämpfen. Und der starke Lamorak mit dem roten Schild. Und Gawains jüngere Brüder Gareth und Mordred. Der beste und berühmteste Ritter aber war Sir Lancelot, der Sohn des Königs Ban. Man nannte ihn „Lancelot vom See“, denn er hatte seine Kindheit bei der Dame vom See verbracht.

Von allen Menschen liebte

Lancelot am meisten König Artus und die Königin Guinevere.
Einmal begegnete Lancelot einem riesenhaften Ritter, der Sir Carados hieß.
Empört zügelte er seinen weißen Hengst. Carados hatte nämlich Lancelots guten Freund Gawain vor sich aufs Pferd gebunden und ritt mit ihm als Gefangenem zu seiner Burg.

„Lass Gawain gehen!“, rief Lancelot.
Der Riese lachte. „Nein! Und ich werde dich genauso wie ihn verschnüren.“ Mit diesen Worten fesselte er Gawains Hände und Füße, warf ihn achtlos zu Boden und ließ sich von seinem Knappen eine Lanze reichen. Dann ritt er gegen Lancelot an. Doch kein Ritter, auch

kein Riese, konnte gegen Lancelot bestehen, und er rettete Gawain.
Ein andermal verkleidete sich Lancelot zum Spaß als Mädchen. So trat er bei einem Turnier gegen Dinadan an. Und wieder ein andermal übernachtete er im Haus einer alten Dame. Da hörte er, wie jemand am Tor hämmerte. Durchs Fenster sah er Kay. Drei fremde Ritter bedrängten Artus' Bruder. Sofort legte Lancelot seine Rüstung an, griff zum Schwert und seilte sich mit einem Bettlaken ab. Er besiegte Kays Angreifer. Sie mussten ihm schwören, dass sie nach Camelot reiten und sich dort als Gefangene der Königin zu Füßen werfen würden.
Am nächsten Morgen vertauschte er seine Rüstung mit Kays, nahm dessen Schild und ritt davon. Warum? Ganz einfach: Alle, die ihn für Kay hielten

und Streit mit ihm suchten, erlebten ihr blaues Wunder. Und Kay konnte mit Lancelots Schild reiten, wohin er wollte, ohne dass ihn jemand herauszufordern wagte.

„Wer ist dieser Ritter mit Kays Schild, der uns alle aus dem Sattel wirft?“, fragten sich Gawain und die anderen. Erst zum nächsten Pfingstfest traf sich die ganze Tafelrunde wieder bei Hofe. Als Lancelot in Kays Rüstung ankam, freuten sich alle mit ihm über den gelungenen Scherz. Und seine Gegner waren froh, dass nicht irgendein beliebiger Kämpfer sie besiegt hatte, sondern der beste aller Ritter.

Guinevere in Gefahr!

Einmal machten sich die Ritter der Tafelrunde auf die Suche nach dem heiligen Gral, ihrem größten Schatz und Geheimnis. Artus war darüber sehr betrübt. Er ahnte, dass diese schwierige und gefährliche Reise viele das Leben kosten würde. So war es auch. Gawain und die meisten anderen gaben auf und kehrten um. Nur vier Ritter, unter ihnen der junge Parzival, sahen den Gral. Und von diesen vier kehrten nur Lancelot und sein Cousin Sir Bors zurück.

Danach verließ Lancelot für eine Weile den Hof. Inzwischen lud Guinevere vierundzwanzig Ritter zu einem Festmahl ein.

Sie tischte auch Äpfel und Birnen auf, weil Gawain diese gern aß. Doch ein Ritter, der Gawain hasste, vergiftete heimlich ein paar Äpfel. Ein anderer Ritter biss in einen davon und starb.

Gawain erriet sofort, wem der Anschlag gegolten hatte. „Will mich die Königin ermorden?“, rief er. Auch Sir Mador, der Cousin des toten Ritters, gab Guinevere die Schuld. Ein Duell sollte über ihr Schicksal entscheiden.

Gern hätte Artus für sie gekämpft, denn er glaubte an ihre Unschuld. Als König aber musste er der Richter sein.

„Wo ist Lancelot?“, fragte er. Die Königin wusste es nicht. Artus überlegte und schlug vor: „Bitte seinen Cousin Bors, an Lancelots Stelle für dich zu kämpfen. Er ist ein guter

Ritter und wird dir den Wunsch nicht verweigern."
Also bekniete die Königin Bors, bis ihr dieser versprach: „Ich werde kämpfen, wenn sich am Tag des Duells kein besserer Ritter findet." Und heimlich verließ er den Hof, um Lancelot zu suchen.
Am Tag des Duells erschien in letzter Minute ein fremder Ritter auf einem weißen Pferd. Er und Mador galoppierten aufeinander zu. Madors Lanze zerbrach am Schild des fremden Ritters. Jener aber warf Mador mitsamt seinem Pferd zu Boden. Sie kämpften zu Fuß weiter, bis sich Mador ergab. Nach dem Kampf trat der fremde Ritter vor Artus und Guinevere. Artus dankte ihm für seine Hilfe und lud ihn ein, sich mit einem Schluck Wein zu stärken. Zum Trinken nahm der Ritter den Helm ab, und alle erkannten Lancelot.
Ein andermal ritt Guinevere mit einigen Rittern

und Damen in den Wald. Sie trugen Gewänder aus grüner Seide und Blumen im Haar und waren sehr vergnügt. Das beobachtete der boshafte Ritter Sir Malagant. Schon lange wollte er die Königin auf seine Burg entführen. Nun sah er die Gelegenheit dazu.

„Greift sie an!", befahl er seinen Männern.

„Verräter!", rief Guinevere zornig. „Du, ein Ritter, lauerst wie ein Räuber im Wald? Schäm dich!"

Ihre Begleiter zogen ihre Schwerter und schlugen damit die Lanzen von Malagants Männern zur Seite. Sie kämpften tapfer. Jedoch hatten sie keine Rüstungen oder Schilde. Und so fiel einer nach dem anderen verwundet zu Boden. Die Königin wurde bleich.

„Ich komme mit dir, Verräter“, verkündete sie Malagant. „Aber nur wenn du versprichst, dass meine Begleiter gut versorgt werden.“

Auf dem Weg zog sie sich heimlich einen Ring vom Finger, steckte ihn einer ihrer Damen zu und flüsterte: „Zeig diesen Ring Sir Lancelot und erzähl ihm alles." Die Dame galoppierte davon, und keiner konnte sie einholen.
Daraufhin befahl Malagant dreißig Bogenschützen: „Versteckt euch im Wald. Und wenn ein Ritter auf einem weißen Pferd kommt, schießt auf ihn. Versucht ihn aber nicht gefangenzunehmen, denn er würde auch mit dreißig von euch fertig werden."
Als Lancelot den Ring und die Nachricht erhielt, legte er sofort seine Rüstung an und machte sich auf den Weg. Nach kurzer Zeit kam er zu dem Wald, in dem die Bogenschützen saßen.
„Kehr um!", schrie einer aus dem Dickicht.

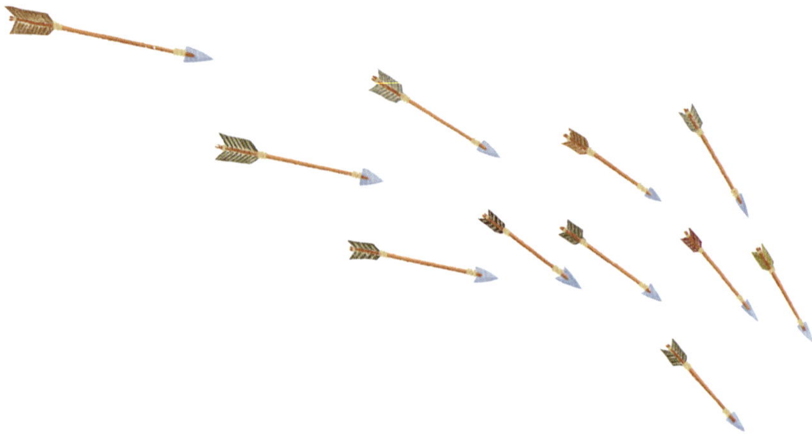

„Nein!“, schrie Lancelot zurück.
„Ein Ritter der Tafelrunde reitet, wohin er will.“
Da prasselte ein Hagel aus Pfeilen auf ihn nieder. Die meisten trafen sein Pferd. Lancelot blieb nichts übrig, als in voller Rüstung mit seinen Waffen zu Fuß weiterzugehen. Er war bald erschöpft. Zum Glück begegnete ihm ein Karren. Dessen Fahrer sollte für Malagant im Wald Holz holen. Geschwind sprang Lancelot auf den Karren und ließ sich zur Burg bringen. Guinevere saß betrübt im Turm. Plötzlich hörte sie, wie eine ihrer Damen lachte.

„Warum lachst du?"
„Schau nur", sagte die Dame. „Da steht ein Ritter auf einem Karren. Er ist bestimmt ein schlimmer Verbrecher auf dem Weg ins Gefängnis." Damals fuhren Ritter nämlich nur aus diesem Grund auf Karren, und die Leute zeigten mit dem Finger auf sie.
Guinevere rannte zum Fenster. „Was redest du für einen Unsinn?", rief sie. „Das ist doch der tapfere Sir Lancelot!"
Beim Tor der Burg sprang Lancelot vom Karren.
„Wo bist du, Malagant?", brüllte er.
„Lass die Königin frei!"
Malagant erschrak!
Er lief zu Guinevere.
Gleich wollte er sie und ihre Begleiter freilassen, wenn sie ihn nur vor

Lancelot beschützen würde. So einfach aber durfte er nicht davonkommen. Man beschloss: Malagant und Lancelot sollten an einem bestimmten Tag vor König Artus miteinander kämpfen.
Malagant wusste, dass er gegen Lancelot nicht gewinnen konnte. Darum lockte er ihn in eine Falle und sperrte ihn in einen Kerker.
Malagants Schwester jedoch befreite Lancelot, und er kam gerade noch rechtzeitig zum Duell. Mit wenigen Schwertschlägen brachte er Malagant zu Boden. Dieser wollte nicht mehr aufstehen und weiterkämpfen.
„Na gut", sagte Lancelot. „Um es fair zu machen, nehme ich meinen Helm ab und binde meine linke Hand hinter dem Rücken fest. Einverstanden?"
Der Vorschlag gefiel Malagant!
Er sprang auf die Beine, hob sein Schwert und wollte auf Lancelots ungeschützten Kopf

einschlagen. Lancelot wich blitzschnell aus. Und mit dem Schwert in der rechten Hand verpasste er Malagant einen solchen Hieb, dass dieser zu Boden sank. Alle staunten über Lancelots Mut und Geschick, und nach dem Abenteuer wurde er weithin als der „Karrenritter“ bekannt.

Lancelots Flucht

Artus' jüngste Schwester Morgan ärgerte ihren Bruder gerne. Sie schickte zum Beispiel ein verzaubertes Trinkhorn an seinen Hof. Jede Dame musste daraus Wein trinken. Und wenn sie einen anderen mehr als ihren Ehemann liebte, würde sie den Wein verschütten. So plante Morgan zu beweisen, dass Guineveres Herz nicht Artus gehörte, sondern Lancelot.

Ein andermal übernachtete Tristan in Morgans Burg. Sie schenkte ihm für sein nächstes Turnier einen goldenen Schild. Darauf waren ein König und eine Königin gemalt.

Und ein Ritter, der mit je einem Fuß auf ihren beiden Köpfen stand.
„Wen soll dieses Bild darstellen?", fragte Tristan verdutzt.
„Artus und Guinevere", sagte Morgan. Geheimnisvoll fügte sie hinzu: „Und einen Ritter, der Schande über sie bringt."
Beim Turnier erkundigte sich Artus nach der Bedeutung des merkwürdigen Schildes.

Und Tristan überbrachte ihm Morgans Nachricht. Wer konnte dieser Ritter nur sein, fragte sich Artus, der Schande über ihn und Guinevere bringen sollte?
Schließlich verriet ihm Gawains jüngster Bruder Mordred: „Guinevere trifft sich oft heimlich mit Lancelot." Da wusste Artus, was Morgans Geschenke bedeuteten: Seine Frau betrog ihn mit seinem besten Ritter. Der schlaue Mordred schlug vor: Artus solle auf die Jagd gehen und über Nacht ausbleiben. Er selbst würde vor Guineveres Kammer lauern und Lancelot darin gefangennehmen. Weil er wusste, welch guter Kämpfer Lancelot war, holte er sich zwölf Ritter der Tafelrunde als Verstärkung.
In der Nacht hämmerte Mordred an die Tür der Kammer und schrie: „Wir wissen, wer bei der Königin ist! Komm raus, du Verräter, Sir Lancelot vom See!"

Guinevere erschrak. „O nein! Wir sind verloren“, rief sie. Und Lancelot wünschte sich seine Rüstung herbei. Er küsste Guinevere und versprach ihr: „Wenn es mir gelingt zu fliehen, komme ich zurück und hole dich.“
Dann wickelte er seinen Mantel um seinen Arm und öffnete die Tür einen Spalt weit.

Der erste von Mordreds Begleitern drängte herein. Lancelot wehrte seinen Schwerthieb mit dem Mantel ab und verpasste ihm einen mächtigen Faustschlag auf den Helm. Flink zerrte er den Ritter in die Kammer. Guinevere half ihm, dessen Rüstung anzulegen. Sobald Lancelot damit in den Flur trat, stürzten sich die Gegner auf ihn. Doch er teilte so kräftige Hiebe nach links und rechts aus, dass von allen Angreifern nur Mordred schwer verwundet entkam.

Artus war bestürzt, als er davon hörte. Zwölf Ritter tot und Lancelot geflohen! Und wie sollte er Guinevere für ihren Verrat bestrafen?

In seinem Zorn entschied Artus: Sie musste sterben. Auch eine Königin stand nicht über dem Gesetz.

Er befahl seinem Neffen Gawain: „Du und dein Bruder Gareth, ihr führt Guinevere zu ihrer Hinrichtung. Und sobald ich Lancelot in die Finger bekomme, soll er ihr Schicksal teilen."

„Beruhige dich", bat ihn Gawain. „Wer weiß, ob die Königin nicht doch unschuldig ist? Rede zuerst mit ihr. Und Lancelot hat dir und uns allen viele Dienste geleistet. Er hat auch mich damals vor Sir Carados gerettet. Sollten wir ihm nicht die Gelegenheit geben, sich zu erklären?"

Der junge Gareth sagte: „Wenn du es befiehlst, Onkel, werde ich die Königin begleiten. Aber ich werde keine Rüstung tragen. Alle sollen sehen, dass ich in Frieden komme."

Sie zogen zum Gerichtsplatz. Lancelot wartete schon mit seinen Verwandten und treuen Freunden im nahen Wald. Auf ein Zeichen galoppierten sie herbei. Und wer sich ihnen in den Weg stellte, wurde niedergeritten. In dem blutigen Durcheinander traf Lancelot mit

seinem Schwert den unbewaffneten Gareth, da er ihn nicht erkannte. Er nahm Guinevere hinter sich aufs Pferd. So sprengten sie davon, und viele Ritter schlossen sich ihnen an. Das waren bittere Nachrichten für Artus! Er bereute nun sehr, nicht auf Gawain gehört zu haben.

Als Gawain jedoch von Gareths Tod erfuhr, schwor er: „Dafür wird Lancelot büßen. Selbst die Mauern und Türme seiner Burg sollen ihn nicht vor mir schützen."
Und er brachte Artus dazu, die Regierungsgeschäfte an Mordred zu übergeben. Dann fuhren er und Artus mit einer großen Armee übers Meer. Sie zogen durch Lancelots Reich Benwick, bis sie vor seiner Burg standen.
„Kämpf mit uns!", schrie Artus zu den Zinnen hoch.
Lancelot rief zurück: „Nein! Warum sollte ich meine Hand gegen meinen König erheben, der mich zum Ritter geschlagen hat?"
„Du hast die Königin entführt!"
„Nur um sie vor deinem Zorn zu retten. Sobald du ihr vergibst, wird sie nach Hause kommen."
Artus wünschte sich seine kluge Frau zurück.

Heimlich dankte er Lancelot für ihre Rettung – auch wenn der Preis ein hoher war. Er wollte mit seinem besten Ritter Frieden schließen. Aber Gawain ritt vor den Mauern der Burg auf und ab und schrie: „Warum versteckst du dich wie eine Maus in deinem Loch, Sir Lancelot vom See?“ Und seine Männer bliesen in ihre Hörner und verspotteten Lancelot als Feigling.
Da ließ Lancelot sein Pferd und seine Waffen bringen. Er legte seine Rüstung an und ritt durchs Tor. Sie trafen aufeinander: Gawain und Artus an der Spitze ihrer Armee und Lancelot an der Spitze seiner. Er und Gawain galoppierten aufeinander zu. Jeder brach seine Lanze am Schild des anderen. Der Aufprall war so gewaltig, dass beide Pferde stürzten. Die Ritter kämpften mit ihren Schwertern weiter. Lancelot fügte Gawain eine Wunde am Kopf zu.

Sein Cousin Bors stieß inzwischen Artus mit der Lanze vom Pferd. Dann sprang er aus dem Sattel, zog sein Schwert und rief: „Der König ist gestürzt! Nun bringe ich diesen Krieg zu Ende."
„Nein!", schrie Lancelot. „Genug!" Und er führte sein eigenes Pferd zu Artus und half ihm in den Sattel, damit er sicher zurück zu seinen Männern reiten konnte. Mit Tränen in den Augen blickte Artus auf ihn herab. Ach, stünde sein bester und treuester Ritter noch auf seiner Seite!

Die letzte Schlacht

Nach dem Kampf ließ Artus seine besten Ärzte kommen, damit sie Gawains Wunde gut versorgten. Da erhielt er einen Brief aus England. Entsetzt las er, was darin stand. Der schlaue Mordred hatte ihn verraten!

Er hatte überall das Gerücht verbreitet, Artus sei tot, und hatte sich selbst zum König krönen lassen.
Sofort kehrte Artus mit der ganzen Armee um. Sie segelten nach Hause. Doch als sie in der Hafenstadt Dover an Land gehen wollten, erwartete Mordred sie bereits. Ein bitterer Kampf entbrannte. Nur mit Mühe gelang es Artus, seinen Neffen in die Flucht zu schlagen. Dem König wurde das Herz schwer, als er die gestürzten Ritter in den Booten sah. Gawain war einer von ihnen. Seine Wunde von dem Kampf gegen Lancelot war wieder aufgeplatzt. Er hatte viel Blut verloren.
Mit letzter Kraft bat er Artus um Feder, Tinte und Papier und schrieb Lancelot einen Brief. Er versöhnte sich mit ihm. Und er bat Lancelot, übers Meer zu kommen und Artus gegen den Verräter Mordred beizustehen.
Dann unterschrieb er die Nachricht mit seinem

Blut und hielt sie in der Hand, während er starb. Da weinte Artus. Und er dachte an Merlins Weissagung vor langer Zeit und begriff: Der Zauberer hatte recht behalten. Durch die Heirat mit Guinevere und diesen unseligen Krieg würde er alles verlieren. Vor der entscheidenden Schlacht gegen Mordred hatte er einen Traum. Gawains Geist erschien dem König und warnte ihn: „Wenn du morgen gegen Mordred kämpfst, wirst du sterben. Ich rate dir daher: Schließ mit ihm einen Waffenstillstand. Und warte, bis dir Lancelot zu Hilfe kommt."

Gleich nach dem Aufwachen rief Artus seine Ritter zusammen und verkündete: „Ich werde mich mit Mordred treffen und einen Waffenstillstand aushandeln." Doch er warnte sie auch: „Wenn ihr seht, dass einer von Mordreds Männern sein Schwert zieht, greift sofort an. Mein Neffe ist nämlich falsch wie eine Schlange und ich traue ihm nicht."
Auf einem Feld unweit der Stadt Salisbury besiegelten sie den Waffenstillstand. Plötzlich kroch eine Kreuzotter aus einem Busch. Einer von Mordreds Rittern sah sie und schlug mit dem Schwert nach ihr. Er hatte Angst, die Schlange könnte ihn beißen.

Sofort rief ein Gefolgsmann von Artus:
„Er hat das Schwert gezogen! Verrat!"
Und der nächste: „Zum Angriff!"
Trompeten und Hörner wurden geblasen, und die Schlacht begann.
Mit Lanze und Schwert verteidigte sich Artus, so gut er konnte. Rings um ihn fielen tapfere Ritter von den Pferden und standen nicht mehr auf. Es wurde Abend. Der Lärm von Schwertern auf Rüstungen, die Rufe und Schreie der Kämpfer verklangen. Artus sah: Von seiner ganzen Armee waren nur noch er und ein anderer Ritter, Sir Bedivere, auf den Beinen. Auf der Gegenseite stützte sich Mordred erschöpft auf sein Schwert.
„Nun hat dein letztes Stündlein geschlagen!", rief Artus und galoppierte mit erhobener Lanze auf ihn zu.
„Mein König!", rief ihm Bedivere nach.
„Denk an den Traum."

Schon erreichte Artus Mordred und durchstieß mit der Lanze seine Brust. Während Mordred aber starb, hieb er mit letzter Kraft Artus den Helm vom Kopf.

Artus taumelte verwundet aus dem Sattel. Bedivere rannte herbei und schleppte ihn vom Schlachtfeld zu einer Kapelle nahe dem Meer.
„Meine Zeit ist um", flüsterte Artus. „Nur eines bleibt noch zu tun." Er reichte dem Ritter sein Schwert Excalibur und befahl: „Wirf es ins Meer. Danach komm zurück und sag mir, was du gesehen hast."
Bedivere eilte davon. Doch als er zum Ufer kam, zögerte er. Die Edelsteine an Excaliburs Griff glänzten in der Sonne, und er brachte es nicht übers Herz, ein so prächtiges Schwert wegzuwerfen. Also versteckte er es unter einem Baum und lief zu Artus.
„Was hast du gesehen?", fragte dieser.
„Nur die Wellen, sonst nichts."
„Du lügst." Mit diesen Worten schloss Artus entkräftet die Augen.
Beschämt machte sich Bedivere erneut auf den Weg. Er holte Excalibur aus dem Versteck.

Dann verknotete er den Schwertgurt um den Griff und schleuderte die Waffe, so weit er konnte. Ein schlanker, weißer Arm erschien aus den Wellen. Eine Hand fing das Schwert und zog es unter Wasser.
Als Bedivere zurück zu Artus kam und ihm das erzählte, lächelte der König. Und er bat: „Nun trag mich ans Ufer."
Bedivere nahm den König auf seinen Rücken. Er schleppte ihn ans Meer. Dort ankerte schon ein kleines Boot. Vier Damen warteten darin. Sie trugen lange Mäntel mit schwarzen Kapuzen. Und sie weinten, als sie Artus schwer verwundet sahen. Bedivere legte ihn in das Boot, und eine der Damen nahm Artus' Kopf auf ihren Schoß. Das war seine Schwester Morgan. Unter den drei anderen befand sich Nimue, die Dame vom See.
„Mein armer Bruder", flüsterte Morgan, denn am Ende vertrugen sie und Artus sich wieder.

„Diese Wunde an deinem Kopf sieht schlimm aus. Ich weiß nicht, ob ich sie heilen kann."
„Mein König!", rief Bedivere. „Wohin fährst du, und wann kommst du wieder?"
„Ich fahre nach Avalon", flüsterte Artus, „auf die Insel der Schatten. Eines aber verspreche ich dir: Sollte England meine Dienste benötigen, werde ich wiederkommen."
Und wie durch Zauberei entfernte sich das Boot langsam vom Ufer.
Manche Leute erzählen, Artus sei in Avalon geblieben. Andere sagen, er sei gestorben. Und auf seinem Grab stehe: „Hier liegt Artus, der König war und König sein wird." Sie alle hoffen auf seine Rückkehr – irgendwann. Und so endet die Geschichte von König Artus und den Rittern seiner Tafelrunde.

Hier liegt Artus,
der König war und
König sein wird.

Im Mittelalter gab es noch kein Fernsehen und nur wenige Bücher. Außerdem konnte kaum jemand lesen. Die meisten Geschichten erzählten fahrende Sänger, die von Burg zu Burg und von Stadt zu Stadt zogen. Auch die Abenteuer von König Artus und den Rittern seiner Tafelrunde.

Der echte Artus, wenn es ihn überhaupt gegeben hat, war vermutlich ein Heerführer der Kelten und kämpfte gegen angelsächsische Eroberer. Im Lauf der Jahrhunderte wurde vieles von seinen Erlebnissen weggelassen und anderes dazuerfunden. So schrieb der Franzose Chrétien de Troyes sein Gedicht „Lancelot oder Der Karrenritter" im Auftrag einer reichen Dame. Sie hatte sich von ihm eine Liebesgeschichte gewünscht. Seitdem ist die Beziehung zwischen Sir Lancelot und

Guinevere ein Teil der Legende um König Artus.
Gegen Ende des Mittelalters verband der englische Ritter Sir Thomas Malory die verschiedenen Bearbeitungen der Artussage zu einem Sammelwerk. Als Titel wählte er „Das gesamte Buch von König Artus und von seinen edlen Rittern der Tafelrunde“. Sein Manuskript erschien im Jahr 1485 als gedrucktes Buch unter dem sehr viel kürzeren Titel „Le Morte d'Arthur“ (auf Deutsch: „Artus' Tod“).
Warum Malory für diese Arbeit genügend Zeit fand? Ganz einfach: Er saß wegen einer Verschwörung gegen den König im Gefängnis.

Angelsächsisch: Im 5. Jahrhundert gab es ein Volk namens Angelsachsen, das zu diesem Zeitpunkt Großbritannien besiedelte.

Heiliger Gral: Damit ist ein Kelch gemeint, aus dem Jesus mit seinen Jüngern beim letzten Abendmahl getrunken haben soll.

Kelten: Volksgruppe, die in ganz Mitteleuropa verteilt war

Knappe: Oftmals ein junger Mann, der einem Ritter unterstellt war und von ihm lernte.

Mühlstein: Wurde früher benötigt, um Getreide zu mahlen.

Pfingsttag/Pfingstfest: „Pfingsten" bedeutet übersetzt „fünfzigster Tag", deshalb wird das Fest fünfzig Tage nach dem Ostersonntag gefeiert.

Schwertscheide: Behältnis, in das man sein Schwert steckte, damit man sich beim Tragen nicht selbst verletzte.

Seneschall: Oberhaupt des königlichen Haushalts

Sir: adeliger Titel für einen Mann

Zinne: Maueraufsatz auf einer Burg, der Schutz bei der Verteidigung von Fernangriffen bieten sollte

Die drei Musketiere

Hallo! Ich heiße d'Artagnan. Wie man das ausspricht? Dar-tan-jo. Als junger Mann hatte ich einen Traum: Ich wollte Musketier werden. So nennt man Soldaten, die mit Musketen schießen, einer Art von Gewehren. Die Musketiere sind die tapfersten Kämpfer des französischen Königs. Sie können auch besonders gut mit ihren Degen fechten. Ich verließ also mein Zuhause auf dem Land und ritt in die Hauptstadt Paris. Mein Vater gab mir zum Abschied diesen Rat: „Kämpf mit so vielen Männern wie möglich."
„Sind Duelle denn nicht verboten?", fragte ich.
„Doch", sagte mein Vater. „Umso besser! Alle werden deinen Mut bewundern."

Für mich klang das logisch.
In Paris besuchte ich Herrn von Treville, den Kapitän der Musketiere. Er war ein guter Freund des Königs und der Königin und ein erklärter Feind des mächtigen Kardinals Richelieu*. Leider konnte er mich nicht einfach den Musketieren beitreten lassen. Dafür, sagte er, müsste ich erst meine Tapferkeit beweisen. Nur wie?
Beim Rausgehen prallte ich auf der Stiege gegen einen Musketier. Athos, so hieß er, schrie vor Schmerz auf. Er hatte nämlich eine Verletzung an der Schulter, und ausgerechnet gegen diese war ich gestoßen!
„'Tschuldigung", murmelte ich.
Athos hielt mich fest.
„'Tschuldigung?", spottete er.
„Ist das die Art von Höflichkeit, die man auf dem Land lernt?"

* Aussprache: Ri-schel-jö

Er wollte Ärger mit mir? Den konnte er haben! „Soll ich dir zeigen, was man auf dem Land lernt?“, rief ich zornig.
Athos nickte. „Gerne. Aber wenn wir uns hier duellieren, wird uns die Garde des Kardinals verhaften. Treffen wir uns lieber um zwölf Uhr Mittag hinter dem Kloster außerhalb der Stadt.“
„Abgemacht!“ Unsere Wege trennten sich.
Unten beim Tor stand ein zweiter Musketier: Porthos. Er war kräftig und sehr eitel. Besonders stolz machte ihn sein Schwertgurt, der mit Goldfäden bestickt war.
Gerade als ich vorbeikam, hob der Wind Porthos' roten Samtmantel. Ich verhedderte mich darin und hatte schon Angst, mit meinem Degen den bestickten Schwertgurt zu zerkratzen. Aber was entdeckte ich?
Die hintere Hälfte des Gurts, über der normalerweise der Mantel hing, war bloß unbesticktes Leder! Porthos, dieser eitle

Schlawiner, konnte sich nämlich nur einen halben vergoldeten Gurt leisten.
Ich befreite mich und lief weiter. „He!", schrie mir Porthos nach. „Hast du keine Augen im Kopf?"
Das ärgerte mich!
„Doch, doch", gab ich frech zurück. „Und dank meiner guten Augen sehe ich sogar mehr als andere."
Porthos wurde vor lauter Zorn ganz rot im Gesicht. Er konnte sich ja denken, dass ich seinen Schwertgurt meinte. War es ein Wunder, dass auch er mit mir kämpfen wollte?

„Treffen wir uns um ein Uhr hinter dem Kloster?"
„Abgemacht!", versprach ich.
Auf der Straße vor dem Haus begegnete mir ein dritter Musketier: der schlaue Aramis.
Und auch mit ihm geriet ich gleich in Streit.
Du kannst dir sicher denken, wie das ausging, oder? Genau: mit einer Verabredung zum Duell.
Auweia! Mir wurde vor Aufregung ganz schwindelig. Da war ich nun erst einen Tag in Paris und schon hatte ich mir drei Musketiere zu Feinden gemacht. Ob ich das überleben würde?

Alle Lesezug-Bücher finden Sie unter

www.lesezug.at

3. Klasse

ISBN 978-3-7074-2300-6
3. Klasse, ab 7/8 Jahre

ISBN 978-3-7074-2519-2
3. Klasse, ab 7/8 Jahre

ISBN 978-3-7074-2124-8
3. Klasse, ab 7/8 Jahre

ISBN 978-3-7074-2110-1
3. Klasse, ab 7/8 Jahre

ISBN 978-3-7074-2263-4
3. Klasse, ab 7/8 Jahre

ISBN 978-3-7074-2351-8
3. Klasse, ab 7/8 Jahre

Lesezug Profi

ISBN 978-3-7074-2157-6
4. Klasse, ab 8/9 Jahre

ISBN 978-3-7074-2106-4
4. Klasse, ab 8/9 Jahre

ISBN 978-3-7074-2240-5
4. Klasse, ab 8/9 Jahre

ISBN 978-3-7074-2379-2
4. Klasse, ab 8/9 Jahre

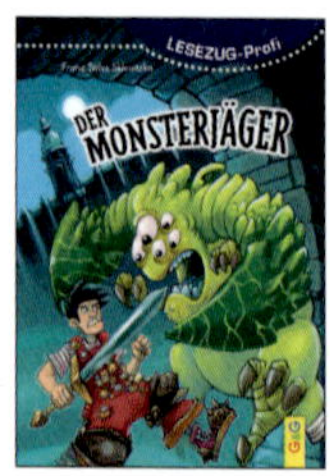

ISBN 978-3-7074-2078-4
4. Klasse, ab 8/9 Jahre

ISBN 978-3-7074-2079-1
4. Klasse, ab 8/9 Jahre

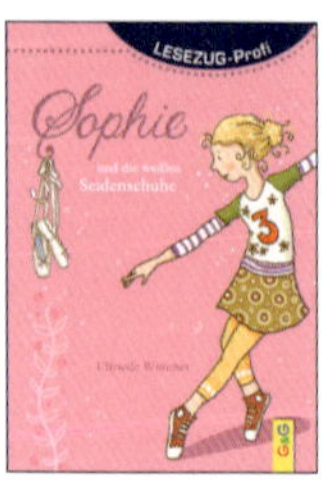

ISBN 978-3-7074-1271-0
4. Klasse, ab 8/9 Jahre

ISBN 978-3-7074-1288-8
4. Klasse, ab 8/9 Jahre

ISBN 978-3-7074-1387-8
4. Klasse, ab 8/9 Jahre

ISBN 978-3-7074-2143-9
4. Klasse, ab 8/9 Jahre

LESEZUG

Lesezug Klassiker

ISBN 978-3-7074-2771-4
Ab 7/8 Jahre

ISBN 978-3-7074-2690-8
Ab 7/8 Jahre

ISBN 978-3-7074-2354-9
Ab 7/8 Jahre

ISBN 978-3-7074-1971-9
Ab 7/8 Jahre

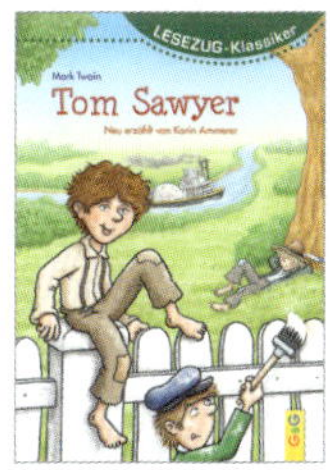

ISBN 978-3-7074-2116-3
Ab 7/8 Jahre

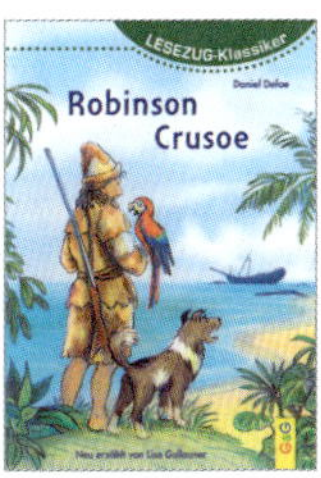

ISBN 978-3-7074-1815-6
Ab 7/8 Jahre

ISBN 978-3-7074-1850-7
Ab 7/8 Jahre

ISBN 978-3-7074-2287-0
Ab 7/8 Jahre

ISBN 978-3-7074-2069-2
Ab 7/8 Jahre

ISBN 978-3-7074-2141-5
Ab 7/8 Jahre

ISBN 978-3-7074-2560-4
Ab 7/8 Jahre

ISBN 978-3-7074-1814-9
Ab 7/8 Jahre

ISBN 978-3-7074-2520-8
Ab 7/8 Jahre

ISBN 978-3-7074-2347-1
Ab 7/8 Jahre

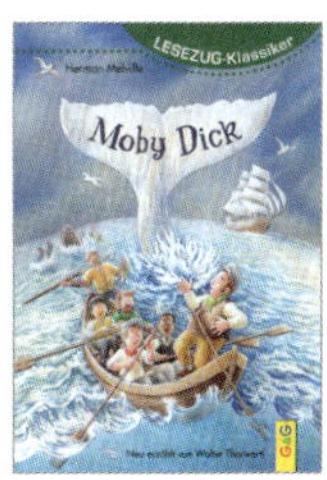

ISBN 978-3-7074-2549-9
Ab 7/8 Jahre